BEI GRIN MACHT SICH IHR
WISSEN BEZAHLT

Dystopische Elemente in "Ophelia Scale – Die Welt wird brennen"

Inwiefern lässt sich das Werk "Ophelia Scale – Die Welt wird brennen" als Dystopie klassifizieren?

Leah Hamann

Bibliografische Information der Deutschen Nationalbibliothek:

Die Deutsche Nationalbibliothek verzeichnet diese Publikation in der Deutschen Nationalbibliografie; detaillierte bibliografische Daten sind im Internet über http://dnb.d-nb.de abrufbar.

ISBN: 9783389030837
Dieses Buch ist auch als E-Book erhältlich.

Druck und Bindung: Books on Demand GmbH, Norderstedt Germany
Gedruckt auf säurefreiem Papier aus verantwortungsvollen Quellen

Das vorliegende Werk wurde sorgfältig erarbeitet. Dennoch übernehmen Autoren und Verlag für die Richtigkeit von Angaben, Hinweisen, Links und Ratschlägen sowie eventuelle Druckfehler keine Haftung.

Das Buch bei GRIN: https://www.grin.com/document/1478481

Sommersemester 2019

Christian-Albrechts-Universität zu Kiel

Institut für Neuere deutsche Literaturwissenschaft

Studiengang: Deutsch 4. Semester und Wirtschaft/Politik 4. Semester (Lehramt)

Hausarbeit

Proseminar: Phantastische und dystopische Jugendliteratur

Dystopische Elemente in: *Ophelia Scale- Die Welt wird brennen.*

„Inwiefern lässt sich das Werk ‚Ophelia Scale – Die Welt wird brennen' als Dystopie klassifizieren?"

Vorgelegt von: Leah Hamann

Fachsemester: 4

Abgabetermin: 30.09.2019

Inhaltsverzeichnis

1 Einführung

1.1 Hinführung zum Thema

Heutzutage ist die Technik ein wichtiger Bestandteil in jedermanns Leben. Sie entwickelt sich rapide weiter. Roboter, künstliche Intelligenzen etc. haben sich längst etabliert. Aus diesem Grund wurde für diese Arbeit das Werk *Ophelia Scale – Die Welt wird brennen* ausgewählt. Bei dem Werk „Ophelia Scale – Die Welt wird brennen" von Lena Kiefer handelt es sich um den ersten Band einer Trilogie, welche 2019 erschienen ist. Die zentrale Thematik im Werk befasst sich mit einem Zukunftsszenario, indem die Technologie so fortschrittlich geworden ist, dass sie eine Bedrohung dargestellt hat und verboten wird. Der Klappentext des Romans lässt auf eine klassische Dystopie schließen, allerdings entwickelt sich die Protagonistin gegensätzlich gegenüber Charakteren aus klassischen Dystopien. Aus diesem Grund ist das Werk besonders geeignet für eine nähere Betrachtung.

Die Dystopie hat sich aus der Utopie heraus entwickelt, weshalb in der Forschung aktuell noch ein breiteres Spektrum für Utopien zu finden ist. Jedoch hat die Dystopie insbesondere im 21. Jahrhundert an Zuspruch gewonnen, wodurch in den letzten Jahren einige Dystopien, darunter „Die Tribute von Panem" von Suzanne Collins, einschlägige Bestseller geworden sind. Aufgrund der scheinbar anhaltenden Begeisterung für dystopische Romane wird die Literatur/Forschung in diesem Bereich vermutlich in den nächsten Jahren weiter wachsen.

Im ersten Teil der Arbeit sollen zunächst die Begriffe „Utopie" und „Dystopie" definiert und unterschieden werden. Da sich die Dystopie aus der Utopie heraus entwickelt hat, wird in dieser Arbeit zunächst die Utopie näher bestimmt. Im weiteren Verlauf soll die Dystopie definiert und deren Aufbau, Themen und Motive herausgearbeitet werden. Dabei liegt ein besonderer Schwerpunkt auf der Abgrenzung von der Dystopie zur Utopie.

Der zweite Teil der Arbeit widmet sich der Inhaltsanalyse des ausgewählten Romans *Ophelia Scale – Die Welt wird brennen*. In dieser Arbeit liegt der Fokus auf der textnahen Interpretation bezüglich der Genreeinordnung als Dystopie und deren Unterschiede. Die inhaltlichen Schwerpunkte liegen hier auf dem Aufbau, der Entwicklung der Protagonistin und dem Motiv der Technik.

Dabei wird die Argumentationsführung mit zahlreichen Quellenbelegen gestützt, wodurch eine ausgewogene Balance zwischen Lesbarkeit und Belegen erreicht werden soll.

Zuletzt wird im Fazit die im Folgenden formulierte Fragestellung erneut aufgegriffen. Dabei wird resümiert, inwiefern das exemplarisch ausgewählte Werk als Dystopie gilt und worin es sich von einer Dystopie unterscheidet.

1.2 Fragestellung und Zielsetzung

Aus den obigen Vorüberlegungen ergibt sich für diese Arbeit die folgende Fragestellung:

Inwiefern lässt sich das Werk *Ophelia Scale – Die Welt wird brennen* von Lena Kiefer als Dystopie einordnen?

Als eine untergeordnete Frage wird in diesem Zusammenhang geklärt, welche Unterschiede das vorliegende Werk gegenüber Dystopien aufweist. Ziel dieser Arbeit ist es, zu veranschaulichen, dass eine Genre-Klassifikation nicht für jedes Werk eindeutig beantwortet werden kann. Für das vorliegende Werk liegt die Zielsetzung darin, die Frage zu beantworten, inwiefern „Ophelia Scale" als eine Dystopie bezeichnet werden kann.

2 Utopie

Eine erste Annäherung an den Begriff lässt sich über die Wortbedeutung vornehmen. Das Reallexikon der deutschen Literaturwissenschaft definiert die Utopie als einen ‚Nicht-Ort' oder ‚Nirgendwo' abgeleitet aus dem Griechischen ‚ou' und ‚tópos'. Aus dem Englischen ergibt sich für eine Utopie weiterhin, ausgelöst durch den Gleichklang von ‚eu', das mit ‚gut' bzw. schön übersetzt wird, dass diese als ein guter/schöner Ort bezeichnet werden kann.[1] Das Lexikon der Science-Fiction Literatur definiert die Utopie wie folgt:

> Utopia, das Nirgendland, ist […] eine literarische Erfindung, die mehr über die Gegenwart als über die Zukunft aussagt. […] Utopien sind Kritiken der Gegenwart und Ausdruck des Wunschdenkens, wobei die literarischen Alternativen des Verfassers nicht unbedingt zu verwirklichen sein müssen, wenigstens nicht kurzfristig.[2]

---

[1] Vgl. Hans- Edwin Friedrich: Utopie [Art.]. In: Reallexikon der deutschen Literaturwissenschaft. Hg. u.a. von Harald Fricke, Jan-Dirk Müller und Klaus Weimar. Bd. 3. Berlin/New York 2003, S. 739-743.

[2] Vgl. Hans- Joachim Alpers: Utopie [Art.]. In: Lexikon der Science Fiction Literatur. Hg. u.a. von Hans-Joachim Alpers, Wolfgang Jeschke und Werner Fuchs. München 1987, S. 48-49.

In dieser Definition findet sich, wie auch im Reallexikon der deutschen Literaturwissenschaft, die begriffliche Zuordnung als ‚Nirgendland' wieder.

Somit lässt sich aus dem Begriff der Utopie das zentrale Motiv ableiten: Eine Utopie ist der Entwurf einer alternativen, noch nicht existierenden Gesellschaftsform. Somit zeigen Utopien auf, wie eine mögliche Zukunft sein oder nicht sein sollte und haben somit einen normierenden Charakter. Es zeigt, dass die Gesellschaft grundsätzlich in eine bessere/andere Ordnung umgewandelt werden kann und somit gestaltbar ist. [3]

3 Dystopie

3.1 Begriffsdefinition

Die Dystopie bildet sich zu Beginn des 20. Jahrhunderts aus der Utopie heraus. Etymologisch lässt sich der Begriff Dystopie in ‚dys' und ‚topie' aufteilen. Im Gegensatz zu der Utopie bezeichnet das Präfix ‚dys' ‚übel/schlecht/abweichend von der Norm'.[4] Somit handelt es sich bei der Dystopie zunächst um einen schlechten Ort.

Ebenso wie bei der Utopie findet sich auch für die Dystopie keine einheitliche, allgemeingültige Definition. Darüber hinaus existieren in der Forschung eine Vielzahl an unterschiedlichen Begriffen. Neben der Dystopie ist eine häufig anzutreffende Bezeichnung die „Anti-Utopie" oder „Gegen-Utopie". Weniger verbreitet sind Begriffe wie „Mätopie" oder „Schreckutopie".[5] In dieser Arbeit wird im weiteren Verlauf mit dem Begriff „Dystopie" gearbeitet. Unter einer Dystopie wird in der Forschung zumeist ein Entwurf einer hypothetischen möglichen negativen Welt verstanden. Dabei ist entscheidend, dass die in Dystopien geäußerte Kritik auf Missstände in der Gegenwart hindeutet.[6] Grundsätzlich definiert der deutsche Duden eine Dystopie als eine „fiktionale, in der Zukunft spielende Erzählung o.Ä. mit negativem Ausgang"[7].

---

[3] Vgl. Richard Saage: Politische Utopien der Neuzeit. Darmstadt 1991, S. 2-4.

[4] Vgl. Thomas Schölderle: Geschichte der Utopie. Eine Einführung. 2. Aufl. Köln/Weimar/Wien 2017, S. 10.

[5] Vgl. Stephan Meyer: Die anti-utopische Tradition. Eine ideen- und problemgeschichtliche Darstellung. Frankfurt am Main u.a. 2001, S. 18-30.

[6] Vgl. Birgit Affeldt-Schmidt: Fortschrittsutopien. Vom Wandel der utopischen Literatur im 19. Jahrhundert. Stuttgart 1991, S. 35.

[7] Duden: Dystopie [Art.] https://www.duden.de/rechtschreibung/Dystopie, zuletzt abgerufen am 26.09.2019.

3.2 Aufbau der Dystopie

In der Dystopie ist der Protagonist kein Außenstehender der Gesellschaft, sondern ein Teil davon. Dieser wird aufgrund eines Erkenntnisprozesses zum Außenseiter. Häufig bildet die Grundlage dieses Erkenntnisprozesses eine Liebesbeziehung. Der Protagonist erkennt Unzulänglichkeiten des Staates, wodurch er sich gegen das System stellt. [8]

Die klassische Dystopie verfügt über einen dreiteiligen Aufbau. Beginnend mit der Exposition, über die Abkehr von der Ideologie und schließlich die Repression seitens des Staates, zwecks physischer und/oder psychischer Vernichtung des Protagonisten. In der Exposition wird der Leser in die dystopische Welt eingeführt. Dabei schildert der Protagonist die dargestellte Welt. Im Laufe der ersten Phase durchläuft der Protagonist eine Erkenntnisphase, in der er die bestehende Ordnung kritisch hinterfragt. Angestoßen wird der Prozess zumeist durch eine Liebesbeziehung. In dem zweiten Teil entschließt sich der Protagonist zur Rebellion gegen die Obrigkeit. Er entscheidet sich für alles, was der Staat ihm verbietet, insbesondere Individualität und Freiheit. Gegen Ende zeichnet sich dann eine Niederlage für den Protagonisten ab, weil der Staat dem Protagonisten überlegen ist und unbesiegbar scheint. [9]

3.3 Themen und Motive der Dystopie

Wiederkehrende Themen und Motive bei Dystopien sind ein totalitärer Staat, die Zerstörung der Lebenswelt und ein ewig währender Kriegszustand. In Abgrenzung zu der Utopie, die auf rationaler, freiwilliger Unterwerfung basiert, steht bei der Dystopie der Konflikt zwischen dem Staat und dem Individuum im Vordergrund. Häufig folgen die Bewohner einem strikten Ablauf, bei dem wenig Zeit für individuelle Entfaltung bleibt. Der Handlungsort ist bei der Dystopie, wie auch bei der Utopie, isoliert. Die Handlung spielt meist in der Zukunft. Innerhalb des Staates kommt es zu keiner Weiterentwicklung, da der Staat darum bemüht ist, den Status quo aufrecht zu erhalten. [10] Ein wichtiges Motiv bildet in der Dystopie der Kollektivismus. Dieser wird durch die totalitäre Überwachung, Unterdrückung und Manipulation bzw. Propaganda durchgesetzt. [11] Weiterhin nimmt die Vergangenheit einen entscheidenden Status in der Dystopie ein. Dabei kontrolliert der Staat die Informationsdichte, indem die Vergangenheit abgelehnt/manipuliert oder durch ein katastrophales Ereignis geprägt wird. Ein weiteres zentrales Motiv

---

[8] Vgl. Hartmut Weber: Die Außenseiter im anti-utopischen Roman. Frankfurt am Main u.a. 1979, S. 8.
[9] Vgl. Elena Zeißler: Dunkle Welten. Die Dystopie auf dem Weg ins 21. Jahrhundert. Marburg 2009, S. 28-31.
[10] Vgl. Ebd., S. 24-26.
[11] Vgl. Meyer: Die anti-utopische Tradition, S. 56.

kommt der Wissenschaft, aber auch insbesondere der Technik zu. Die Technik ist meist weit entwickelt und dient der Propaganda, der Überwachung und Beeinflussung der Menschen.[12] Damit greift sie eine aktuelle Entwicklung auf, da die Technik sich heutzutage rasant weiterentwickelt.

Im Folgenden wird bei der Analyse des Werkes *Ophelia Scale – Die Welt wird brennen* insbesondere der Aufbau, die Entwicklung Ophelias und die besondere Stellung von Technik und in diesem Zusammenhang auch der Einfluss künstlicher Intelligenzen analysiert.

4   Ophelia Scale – Die Welt wird brennen

4.1   Dystopische Elemente

4.1.1   Aufbau

Einleitend wird in dem Roman *Ophelia Scale – Die Welt wird brennen* die dargestellte Welt vorgestellt. Die Handlung spielt im Jahre 2134 in England und somit in der Zukunft.[13] Die Geschichte ist aus der Perspektive der 18-jährigen Ophelia Scale geschrieben, welche sich der Widerstandsgruppe *„Reverse"* angeschlossen hat, und das Ziel verfolgt, den König Leopold de Marias zu stürzen.[14] Sie ist somit eine Person aus dem Inneren der Gesellschaft. Als Ophelia zwölf Jahre alt gewesen ist, erfolgte die sog. „Abkehr", bei der sämtliche, weiterentwickelte Technik vom König verboten wurde.[15] Dieser Aspekt soll im weiteren Verlauf der Arbeit noch einmal aufgegriffen und näher analysiert werden. In klassischen Dystopien ist die dystopische Gesellschaft isoliert. In der analysierten Welt sieht es wie folgt aus:

> Viele der Konkurrenten im Ausland hatte Leopold de Marais zu seinem Verbündeten gemacht, die nun in Asien, Amerika, Australien und Afrika die Abkehr in seinem Sinne umsetzten und so dafür sorgten, dass die ganze Welt seinem Vorbild folgte. [...] Alle [Unternehmen, Anm. Leah Hamann], die nicht mitspielen wollten [...] hatte Leopold am ersten Tag der Abkehr einfach verstaatlicht [...] und für seine Zwecke angepasst. [16]

Leopold de Marais herrscht über das gesamte ehemalige Europa und hat überall auf der Welt Anhänger, die seiner Ideologie folgen. Somit kann von einer isolierten Welt gesprochen

---

[12] Vgl. Vgl. Elena Zeißler: Dunkle Welten. Die Dystopie auf dem Weg ins 21. Jahrhundert. Marburg 2009, S. 25.
[13] Vgl. Lena Kiefer: Ophelia Scale. Die Welt wird brennen. München 2019, S. 30.
[14] Vgl. Ebd., 33-34.
[15] Vgl. Ebd., S. 32.
[16] Lena Kiefer: Ophelia Scale. Die Welt wird brennen. München 2019, S. 54-55.

werden, weil es keinen Ort gibt, an dem die Abkehr nicht durchgeführt wurde. Besonders interessant ist in diesem Werk, dass die Abkehr noch nicht weit zurück liegt. Somit erinnern sich die Bewohner an die Zeit vor der Abkehr. In dieser Welt hat die Technik den Alltag der Menschen beherrscht. So wurden beispielsweise Fußballspiele nicht mehr live im Stadion gespielt, sondern an einem anderen Ort aufgezeichnet und via Leinwand den Zuschauern präsentiert. [17] Weiterhin hat jeder Mensch vor der Abkehr *InterLinks* für Ohren, Augen und Händen getragen, mit denen beispielsweise Nachrichten verfolgt werden können.[18]

Den Bewohnern wird eine Grundversorgung mit Wohnraum, Nahrungsmitteln, Kleidung und Medizin zur Verfügung gestellt. Weiterhin winkt den Menschen, die ihre Arbeitsleistung zur Verfügung stellen, eine Entlohnung.[19] Somit sind, wie auch in anderen Dystopien, die Grundbedürfnisse der Bewohner versorgt. Dennoch gibt es Gruppierungen, wie „Idles". Sie leben von der Grundversorgung, können jedoch, beispielsweise aufgrund des fortgeschrittenen Alters nicht (mehr) arbeiten. [20]

> Vor mir lag eine Gruppe mehrgeschossiger Häuser mit schäbigen Fassaden und verwilderten Gärten. [...] Sie bekamen nicht viel, nicht einmal einen Namen für ihre Siedlung, die einfach nur *das Viertel* genannt wurde. Es war ein trostloser Ort. [21]

Diejenigen, die sich gegen das bestehende System auflehnen, werden einem *„Clearing"* unterzogen.

> Es gibt etwas, das schlimmer ist [als der Tod, Anm. Leah Hamann]: wenn man jemandem alles nimmt, was ihn ausmacht. Erinnerungen an geliebte Menschen. [...] an Erlebnisse und Erfahrungen. [...] an Gefühle. Erinnerungen an sich selbst. Das war es, was beim Clearing passierte. [...] Das Clearing [...] beseitigte die Essenz einer Person. Ein Clearing löschte einen Menschen aus. [22]

Nicholas Odell, ein Junge, in den sich Ophelia in der Vergangenheit verliebt hat und der ebenfalls *Reverse* angehört hat, wurde diesem unterzogen. Er befindet sich auf dem geistigen Stand eines zehnjährigen Jungen im Körper eines 20-Jährigen.[23] Aufgrund des bei ihm durchgeführten Clearing ist Ophelias Glauben in *Reverse* und damit verbunden, den König zu stürzen, noch weiter gefestigt worden. Ophelia beschreibt ihre Welt folgendermaßen:

> Es gab kein Mitspracherecht, keine Wahlen, keine Freiheit. Der König entschied, was wir essen, lernen oder denken durften. [...] Alles, was es noch gab, wurde vom König kontrolliert und von ihm

---

[17] Vgl. Lena Kiefer: Ophelia Scale. Die Welt wird brennen. München 2019, S. 104
[18] Vgl. Ebd., S. 32.
[19] Vgl. Ebd., S. 29.
[20] Vgl. Ebd. S. 21.
[21] Lena Kiefer: Ophelia Scale. Die Welt wird brennen. München 2019, S. 22.
[22] Lena Kiefer: Ophelia Scale. Die Welt wird brennen. München 2019, S. 94.
[23] Vgl. Ebd., S. 95.

eingesetzt, wenn es der Kontrolle der Bürger diente. Es war das Ende jeder freien Entfaltung, das Ende jeder objektiven Meinungsbildung. [24]

Der Aufbau in dem Werk *Ophelia Scale – Die Welt wird brennen* folgt nicht dem Aufbau klassischer Dystopien. Ophelia ist bereits seit der Abkehr gegen das System und Teil einer Widerstandsgruppe, dennoch durchläuft sie eine Art Erkenntnisprozess. In Abgrenzung zur obigen Definition von einem Aufbau in dystopischen Werken, erfolgt der Erkenntnisprozess nicht dahingehend, dass Ophelia das System kritisch hinterfragt. Im Gegenteil durchläuft sie einen Erkenntnisprozess in die entgegengesetzte Richtung. Sie ist Teil eines Ausbildungsprogrammes, mit dem Ziel, Mitglied der königlichen Garde zu werden. Diese verfolgt die Aufgabe, den König zu beschützen. Im Rahmen dieses Programmes hinterfragt Ophelia mit der Zeit ihre Überzeugungen, weil sie sich in den Bruder des Königs, Lucien de Marias, verliebt. [25] Letztendlich versucht sie gar, das Leben des Königs vor einem Attentat zu beschützen. [26] Durch einen Clou ändert sie jedoch ihre Meinung und versucht, den König zu erschießen. Dieses Vorhaben scheitert. Ophelia wird verhaftet und somit zeigt sich auch in diesem Werk, dass der Staat übermächtig und unbesiegbar ist. [27]

Somit lässt sich zusammenfassen, dass *Ophelia Scale – Die Welt wird brennen* einige Unterschiede gegenüber klassischen Dystopien im Aufbau aufweist. So braucht es in diesem Fall keinen Trigger, beispielsweise durch das Motiv der Liebe, für den Protagonisten, an dem Staat zu zweifeln. Im Gegenteil bringt die Liebe die Protagonistin dazu, ihre eigenen Ideale und Überzeugungen – und die von *Reverse* – zu hinterfragen. Mit dem Ergebnis der Königstreue/Regierungstreue. Als sie jedoch erfährt, dass Lucien ihr vermeintlich etwas vorgespielt hat, lässt sie sich von ihren Gefühlen leiten und versucht ein Attentat auf den König zu verüben. Dieses scheitert, wodurch der übermächtige Staat auch in diesem Werk unbesiegbar bleibt.

4.1.2 Entwicklung von Ophelia Scale

Ophelia Scale ist eine technikbegeisterte Jugendliche. Einen besonderen Stellenwert hat die Technik in Ophelias Leben, weil sie genetisch optimiert wurde. Sie konnte u.a. bereits mit drei Jahren logische Aufgaben für Erwachsene lösen. Sie muss ein Medikament nehmen, dass ihre Gehirnaktivität reguliert, weil sie ansonsten aufgrund der Reizüberflutung Anfälle bekommt. Vor der Abkehr hat sie spezielle *InterLinks* getragen, mit denen sie ohne Nebenwirkungen die

---

[24] Lena Kiefer: Ophelia Scale. Die Welt wird brennen. München 2019, S. 30-31.
[25] Vgl. Ebd., S. 62, 284.
[26] Vgl. Ebd., S. 348.
[27] Vgl. Ebd., S. 456-457.

gesamte Kapazität ihres Gehirnes nutzen konnte.[28] Mit dem Medikament kann sie dauerhaft nur einen Teil ihres Gehirnes nutzen.[29] Somit kann die Abkehr als eine Art Auslöser für ihren Widerstand angesehen werden. Zumindest aber bildet es die Grundlage, warum sie *Reverse* beigetreten ist. Ihre Eltern waren vor der Abkehr beide Ingenieure und sie hat diesen Berufswunsch als Kind ebenfalls angestrebt.[30]

Ophelia erhält von der Widerstandsgruppe *Reverse* den Auftrag, den König zu töten, um die Abkehr rückgängig zu machen. Aus diesem Grund ist sie Teil des Ausbildungsprogrammes für die königliche Garde, weil sie dort näheren Zugang zum König erhält.[31] Zu Beginn ist Ophelia nahezu euphorisch, bei dem Gedanken, ein Attentat auf den König auszuüben, um der Abkehr ein Ende zu bereiten.

> Das oberste Ziel von Reverse war der Sturz des Königs. […] plötzlich waren wir alle Kandidaten für diesen Job. Ich war eine Kandidatin für diesen Job. Ein aufgeregtes Flattern meldete sich in meinem Magen und mein Puls hämmerte zum Takt meiner Gedanken. Du könntest es tun. Du könntest diejenige sein, die es beendet.[32]

Während ihrer Ausbildungsphase durchlebt Ophelia eine Entwicklung. Aus diesem Grund ist ihre Entwicklung von besonderem Interesse, weil sie sich in Abgrenzung zu klassischen Dystopien gegensätzlich entwickelt. Während Ophelia eingangs noch euphorisch, aufgeregt und glücklich bei dem Gedanken an das Ende der Abkehr gedacht hat, weichen ihre Überzeugungen und der Glaube in *Reverse* während ihres Ausbildungsprogrammes. Das liegt insbesondere an ihrer innigen Beziehung zu Lucien de Marais, dem Bruder des Königs.

> „Konnte man jemanden töten, in dessen Bruder man sich verliebte? Konnte man sich in jemanden verlieben, dessen Bruder man töten wollte?" […] Es war auch Luciens Einfluss: Er sprach so voller Zuneigung von Leopold, dass der König für mich langsam vom Feindbild zum menschlichen Wesen wurde und mein lodernder Hass auf ihn zu einer glimmenden Glut zusammenschrumpfte.[33]

In ihren Überzeugungen bereits verunsichert, rettet sie dem König bei einem Attentat das Leben.[34] In einem anschließenden persönlichem Gespräch mit dem König werden Ophelias ursprüngliche Ideale endgültig zerstört. Sie kann die Gründe für die Abkehr nun verstehen und versucht nicht länger, diese rückgängig zu machen.[35] Das Gespräch mit dem König wird im weiteren Verlauf näher analysiert werden.

---

[28] Vgl. Ebd. S. 132.

[29] Vgl. Ebd., S. 135.

[30] Vgl. Ebd., S. 32.

[31] Vgl. Ebd., S. 60-62.

[32] Lena Kiefer: Ophelia Scale. Die Welt wird brennen. München 2019, S. 62.

[33] Lena Kiefer: Ophelia Scale. Die Welt wird brennen. München 2019, S. 310, 312.

[34] Vgl. Ebd, S. 346-349.

[35] Vgl. Ebd., S. 361-372.

Nach der Rettungsaktion des Königs genießt sie sein Vertrauen und gehört fortan dem inneren Kreis des Königs an. In einem späteren Gespräch mit der intelligentesten künstlichen Intelligenz, der sogenannten *Omni*, wird Ophelia davon überzeugt, dass ihre Beziehung zu Lucien eine Lüge gewesen ist. In Konsequenz übt Ophelia gegen Ende des Romans ein Attentat gegen den König aus. Womit sie im Endeffekt doch gegen das System rebelliert und ihren ursprünglichen Auftrag erfüllt. Das Attentat scheitert und Ophelia wird verhaftet.[36] Womit das Ende des Romans, bzw. des ersten Teils der Trilogie, so endet, wie es in klassischen Dystopien üblich ist. Der Protagonist lehnt sich gegen das System auf – und verliert. Der Staat ist unbesiegbar und ist im Kampf überlegen.

4.1.3 Besondere Stellung der Technik

Auf dem ersten Blick erscheint das vorliegende Werk wie eine klassische Dystopie. Der König hat sämtliche weiterentwickelte Technik für die Bewohner verboten. Der offizielle Beweggrund dahinter ist, dass der König dies als Notwendigkeit für den menschlichen Fortbestand ansieht. In der Vergangenheit seien die Menschen aggressiv und nicht mehr zu mitfühlendem Verhalten fähig gewesen.[37] So trägt die Abkehr offiziell den Namen „Programm zur Rückbesinnung auf entscheidende Werte und soziales Zusammenleben." [38] Obwohl Technik für die Bevölkerung weitestgehend verboten ist, wird sie genutzt, um die Menschen zu kontrollieren. So hat jeder Mensch beispielsweise einen sog. *WrInk – Wrist InterLink* Implantat, welches eine individuelle Kennung beinhaltet. Dieser ist mit der DNA gekoppelt und dient der Überwachung und Identifikation. Er wird benötigt, um die verbleibende, staatlich reglementierte Technik zu benutzen, beispielsweise für den Transport durch *TransUnits* (autonome Personenwagen). Über die *WrInks* wird man von der *TransUnit* geortet, sodass man an jeden beliebigen Ort gelangt, mit dem Zusatz, dass sämtliche Daten aufgezeichnet und gespeichert werden.

Einen besonderen Stellenwert nimmt die *Omnificial Intelligence - OmnI*, „die fortschrittlichste künstliche Intelligenz aller Zeiten"[39] in der Geschichte ein. Die *OmnI* ist dazu fähig, sich selbst weiterzuentwickeln. Dabei macht sie keine Fehler und kein Mensch kann erfassen, wozu sie

---

[36] Vgl. Ebd., S. 417-429, 456-459.
[37] Vgl. Ebd., S. 31.
[38] Lena Kiefer: Ophelia Scale: Die Welt wird brennen. München 2019, S. 31.
[39] Lena Kiefer: Ophelia Scale. Die Welt wird brennen. München 2019, S. 136.

fähig ist.[40] Sie wird während der Aufnahmeprüfung für die königliche Leibgarde verwendet, um die Kandidaten zu testen. Der König verfügt, ohne das Wissen der Bevölkerung, somit über die fortschrittlichste Technologie seinerzeit, obwohl die Technik von ihm verboten wurde.

Während der Testphase von Ophelia, verwandelt die *OmnI* sich in alle Menschen, die ihr etwas bedeuten, um ihre Treue und Loyalität dem König gegenüber zu testen. Den Kandidaten wird nach dem Test die Erinnerung an die *OmnI* genommen, da die Bevölkerung nichts von ihrer Existenz weiß. Die Kurzzeitkorrektur zeigt bei Ophelia aufgrund ihres besonderen Gehirns keine Wirkung.[41] Die *OmnI* ist ein wichtiges Merkmal, um das Werk als Dystopie einzuordnen. Denn die Technik, in diesem Fall das fehlende Wissen um existierende Technik, die verboten wurde, dient der Manipulation der Bevölkerung. Weiterhin zeigt es, dass für die Regierung – in diesem Fall den König, die Verbote der Bevölkerung nicht zutreffen. Es macht deutlich, dass der König die Benutzung von Technik zwar für die Bevölkerung verboten hat, sie jedoch zum Zwecke der Kontrolle, Überwachung, Manipulation und Sicherung der Macht selbst nutzt.

Neben dem offiziellen Grund, für das Technikverbot existiert ein weiterer – inoffizieller. Der König schildert Ophelia in einem persönlichen Gespräch einen anderen Grund, warum er die Abkehr ausgesprochen hat: Der sogenannte *PointOut*, Point of Outgrow. Ein möglicher Zeitpunkt in der Zukunft, bei dem die Intelligenz künstlicher Lebensformen, die der Menschen übersteigen würde. Dies hat ein Ende der menschlichen Vorherrschaft zur Folge.[42] In der Szene wird Ophelia ein Bericht eines Leibwächters des Königs gezeigt, bei der das System eines Unternehmens die Kontrolle übernommen hat und sämtlichen Mitarbeitern den Sauerstoff entzogen hat, wodurch sie gestorben sind.

> […] Dann hatte diese spezielle künstliche Intelligenz ein Bewusstsein entwickelt. Sie hatte sich selbst als Identität wahrgenommen und beschlossen, diese zu beschützen. Und sie hatte sich über die Menschen gestellt und für ihr eigenes Überleben töten wollen. [43]

Diese Szene kann als eine Schlüsselszene bezeichnet werden, weil Ophelia in dem Moment bewusst wird, dass sie die Abkehr unterstützt und mehr noch die Beweggründe dahinter versteht, akzeptiert und respektiert.

> Dabei […] sorgte ([Leopold] nicht nur dafür, dass die Menschen alles Nötige zum Leben bekamen, er hatte uns dieses Leben mit seiner Entscheidung auch noch gerettet. Scham brannte in meiner

---

[40] Vgl. Ebd., S. 137.

[41] Vgl. Ebd., S. 152-153.

[42] Vgl. Ebd. S. 364.

[43] Lena Kiefer: Ophelia Scale. Die Welt wird brennen. München 2019, S. 365.

Brust. Wie furchtbar dumm ich gewesen war. Wie unglaublich falsch ich gelegen hatte. [...] Mir war nun auch klar, dass Leopold mit der Abkehr die Menschheit vor dem Untergang bewahrt hatte.[44]

Der König sieht in der Abkehr die einzige Möglichkeit, die Menschen zu beschützen und einen *PointOut* zu verhindern. Auch wenn die Gründe für eine Abkehr bei genauerer Betrachtung nachvollziehbar erscheinen, handelt es sich dennoch um eine Art der Manipulation der Bevölkerung, weil die Menschen nur einen Bruchteil an Gründen für die Abkehr kennen, weil der König ihnen nicht zutraut mit der Wahrheit umgehen zu können.

Besonders interessant ist die erneute Begegnung zwischen Ophelia und der *Omnl*. Während der Begegnung überzeugt die *Omnl* Ophelia davon, dass sie nur ein Job für Lucien, der Mitglied der königlichen Garde ist, gewesen ist und er seine Liebe vorgespielt hat, um Ophelia hin zu Loyalität und Treue zu verändern. Da dem König wohl bewusst gewesen ist, dass Ophelia dem Widerstand angehört. Dabei nutzt die *Omnl* angebliche alte Aufnahmen, die Luciens Lüge aufdecken sollen.

„Sie nutzt alle Aufnahmen, die es in der Stadt und der Festung gibt, optisch und akustisch, [...] und macht daraus ein Gesamtbild."[45], so erklärt Troy, ein anderer Anhänger von *Reverse* die Aufzeichnungen der *Omnl*. Die vermutlich manipulierten Aufzeichnungen bringen Ophelia letztendlich dazu, ein Attentat auf den König zu verüben, bzw. der Versuch dessen. Sollten die Aufzeichnungen manipuliert sein, zeigt es die immense Macht, die von der *Omnl*, bzw. generell von künstlichen Intelligenzen ausgehen kann. Aufgrund dessen, dass die künstlichen Intelligenzen in der Vergangenheit bereits das Sicherheitssystem eines Unternehmens manipuliert und für eigene Zwecke missbraucht haben und die *Omnl* die fortschrittlichste künstliche Intelligenz darstellt, liegt die Vermutung nahe, dass sie dazu in der Lage ist, die Aufzeichnungen für ihre eigenen Interessen zu verändern.

5 Fazit

Gesamtbetrachtend lässt sich feststellen, dass es sich bei dem Werk von Lena Kiefer „Ophelia Scale – Die Welt wird brennen" nicht um eine klassische Dystopie, wie sie oben beschrieben ist, handelt. Allgemein lässt sich zunächst festhalten, dass die Geschichte in der Zukunft spielt und auf eine aktuelle Tendenz/ein Problem hinweist: Die fortschreitende Technik des 21. Jahrhunderts. Das vorliegende Werk weist eine Vielzahl an dystopischen Elementen auf: Darunter

---

[44] Lena Kiefer: Ophelia Scale. Die Welt wird brennen. München 2019, S. 369, 374.
[45] Lena Kiefer: Ophelia Scale. Die Welt wird brennen. München 2019, S. 422.

das Motiv der Technik/Wissenschaft. Zwar wurde die weiterentwickelte Technik für die Bevölkerung verboten, allerdings werden u.a. Implantate genutzt, um die Bevölkerung zu überwachen und zu kontrollieren. Ebenfalls ist der König im Besitz der fortschrittlichsten künstlichen Intelligenz und setzt diese, in Unwissenheit der Bevölkerung, ein, um neue Mitglieder für die Königsgarde zu rekrutieren bzw. deren Loyalität zu testen. Weiterhin wirkt die dargestellte Welt dystopisch. Die Macht über das gesamte frühere Europa liegt in den Händen eines Mannes, dem König. In anderen Abschnitten der Welt folgt man der Ideologie des Königs, Leopold de Marais. Somit kann von einer isolierten Welt gesprochen werden, weil die Abkehr in allen Teilen der Welt durchgeführt wurde. Menschen, die sich dem System widersetzen, werden einem Clearing unterzogen, womit sie enorme Teile ihrer Persönlichkeit vergessen und geistig oft wieder Kinder sind, die noch keine rebellischen/gesetzeswidrigen Gedanken aufweisen. Unter Berücksichtigung dieses Aspektes und der Überwachung der Bevölkerung kann von einem totalitären Staat gesprochen werden. All diese Merkmale deuten auf eine Dystopie hin.

Jedoch ist in diesem Werk der Aufbau, bzw. die Entwicklung der Protagonistin, Ophelia Scale von besonderem Interesse, weil es keinen Auslöser oder ähnliches bedarf, damit sich der Protagonist gegen das System auflehnt. Stattdessen erfährt die Protagonistin eine gegensätzliche Entwicklung hin zur Systemtreue. Um sich im Endeffekt von ihren Gefühlen geleitet, dennoch gegen das System aufzulehnen, wobei sie jedoch verliert. Das Ende des Werkes lässt somit die Vermutung einer Dystopie bestätigen, da der Staat am Ende unbesiegbar bleibt und dem Protagonisten gegenüber überlegen ist.

Diese Arbeit kommt insgesamt zu dem Schluss, dass es sich bei *Ophelia Scale – Die Welt wird brennen* um eine Dystopie handelt. Entscheidend für diese Einordnung ist insbesondere das Fehlen von individuellen Freiheiten und der totalitäre Staat, welcher durch Kontrolle, Manipulation und Überwachung jedweden Widerstand im Keim zu ersticken versucht. Widerstand hat das Clearing zur Konsequenz. Allerdings folgt dieses Werk nicht in allen Bereichen der klassischen Dystopie und zeigt damit, dass sich Genre mit der Zeit weiterentwickeln (können) und Aufbau und Motive offener werden bzw. sich der aktuellen Gesellschaft anpassen. Weiterhin ist der sogenannte PointOut ein realistisches, mögliches Zukunftsszenario und beschäftigt sich mit der aktuellen Entwicklung im Bereich der Technik. In der Gegenwart entwickelt sich die Technik rapide weiter. Künstliche Intelligenzen, Roboter und Maschinen sind längst keine Seltenheit mehr. In Zeiten von Alexa, Sprachsteuerung und personalisiertem Einkauf erscheint das Werk als Mahnung für die Gegenwart, der Technik nicht zu viel Macht zukommen zu lassen.

Literaturverzeichnis

Primärliteratur

Kiefer Lena: Ophelia Scale. Die Welt wird brennen. München 2019.

Sekundärliteratur

Affeldt- Schmidt Birgit: Fortschrittsutopien. Vom Wandel der utopischen Literatur im 19. Jahrhundert. Stuttgart 1991.

Alpers Hans- Joachim: Utopie [Art.]. In: Lexikon der Science Fiction Literatur. Hg. u.a. von Hans-Joachim Alpers, Wolfgang Jeschke und Werner Fuchs. München 1987, S. 48-49.

Friedrich Hans- Edwin: Utopie [Art.]. In: Reallexikon der deutschen Literaturwissenschaft. Hg. u.a. von Harald Fricke, Jan-Dirk Müller und Klaus Weimar. Bd. 3. Berlin/New York 2003, S. 739-743.

Meyer Stephan: Die anti-utopische Tradition. Eine ideen- und problemgeschichtliche Darstellung. Frankfurt am Main u.a. 2001.

Saage Richard: Politische Utopien der Neuzeit. Darmstadt 1991.

Schölderle Thomas: Geschichte der Utopie. Eine Einführung. 2. Aufl. Köln/Weimar/Wien 2017.

Weber Hartmut: Die Außenseiter im anti-utopischen Roman. Frankfurt am Main u.a. 1979.

Zeißler Elena: Dunkle Welten. Die Dystopie auf dem Weg ins 21. Jahrhundert. Marburg 2009.

Technik in Dystopien. Hg. u.a. von Viviana Chilese, Heinz-Peter Preusser und David Marcel Gröger. Bd. 7: Jahrbuch Literatur und Politik. Heidelberg. 2013.

Internetquellen

Duden: Dystopie [Art.] https://www.duden.de/rechtschreibung/Dystopie, zuletzt abgerufen am 26.09.2019.